D1690514

Die Meditations-Bücher

Worte der Bergpredigt

Bilder von Peter A. Thomas

Überall ist Liebe

Herder Freiburg · Basel · Wien

Selig die Armen im Geiste,
denn ihrer ist das Himmelreich.

Selig die Trauernden,
denn sie werden getröstet werden.

Selig die Sanftmütigen,
denn sie werden das Land besitzen.

Selig, die hungern und dürsten
nach der Gerechtigkeit,
denn sie werden gesättigt werden.

Selig die Barmherzigen,
denn sie werden Barmherzigkeit erlangen.

Selig, die reinen Herzens sind,
denn sie werden Gott schauen.

Selig die Friedensstifter,
denn sie werden Söhne Gottes heißen.

Selig, die verfolgt werden
um der Gerechtigkeit willen,
denn ihrer ist das Himmelreich.

Wer dich auf die rechte Wange schlägt,
dem halte auch die andere hin,
und dem,
der dich vor Gericht bringen
und deinen Rock nehmen will,
dem laß auch den Mantel.

Liebet eure Feinde
und betet für die, die euch verfolgen,
damit ihr Söhne
eures Vaters im Himmel werdet,
denn er läßt seine Sonne aufgehen
über Böse und Gute
und läßt regnen
über Gerechte und Ungerechte.

So nun sollt ihr beten:
Unser Vater im Himmel,
geheiligt werde dein Name,
dein Reich komme,
dein Wille geschehe
wie im Himmel, so auf Erden.

Unser tägliches Brot
gib uns heute.
Und vergib uns unsere Schuld,
wie auch wir
unsern Schuldnern vergeben haben.

Und führe uns nicht
in Versuchung,
sondern erlöse uns
von dem Bösen.

Sammelt euch nicht
Schätze auf Erden,
sammelt euch vielmehr
Schätze im Himmel,
wo weder Motte noch Wurm zerstören
und wo Diebe
nicht einbrechen und stehlen.
Denn wo dein Schatz ist,
da wird auch dein Herz sein.

Niemand kann zwei Herren dienen.
Denn entweder wird er
den einen hassen und den anderen lieben
oder dem einen anhangen
und den andern verachten.

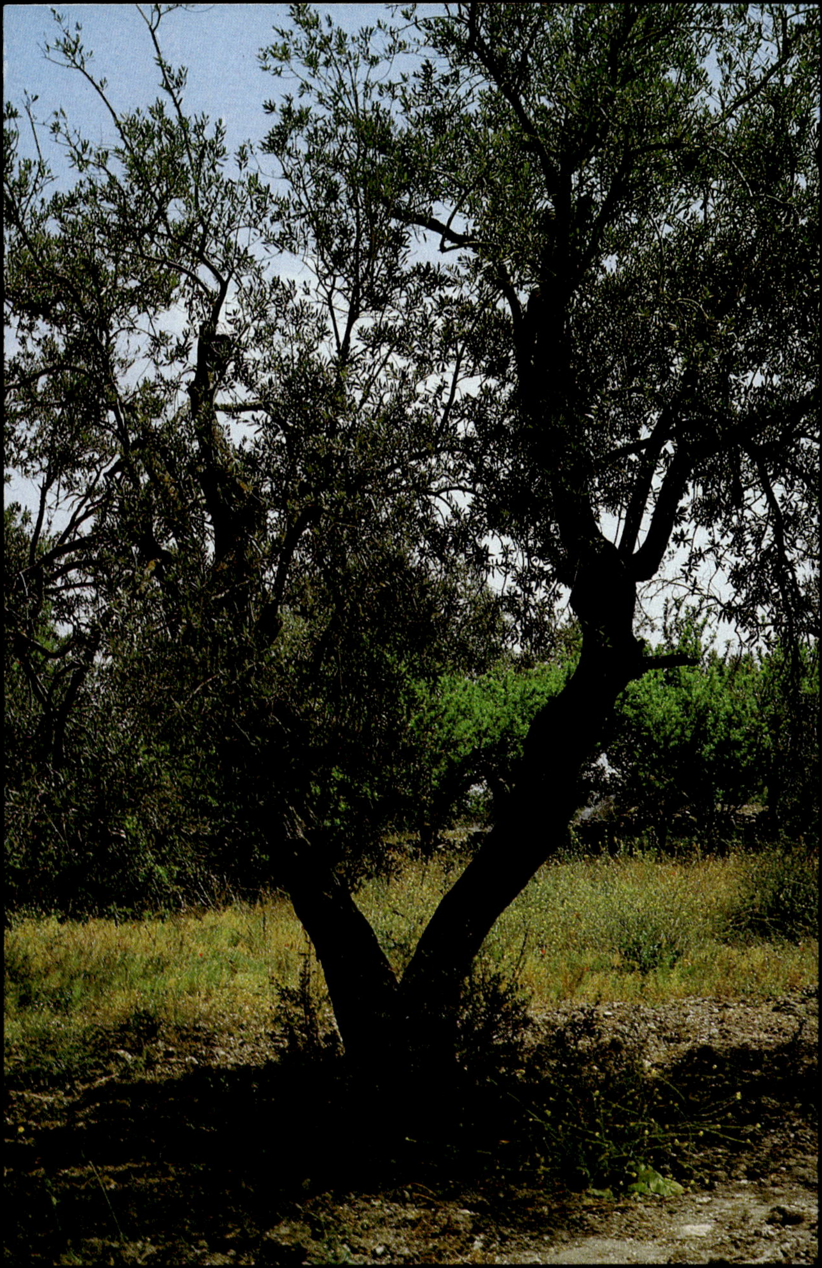

Schaut auf die Vögel des Himmels:
sie säen nicht, sie ernten nicht
und sammeln nicht in Scheunen,
und euer himmlischer Vater ernährt sie.
Sorget euch also nicht
um den morgigen Tag,
denn der morgige Tag
wird für sich selber sorgen.

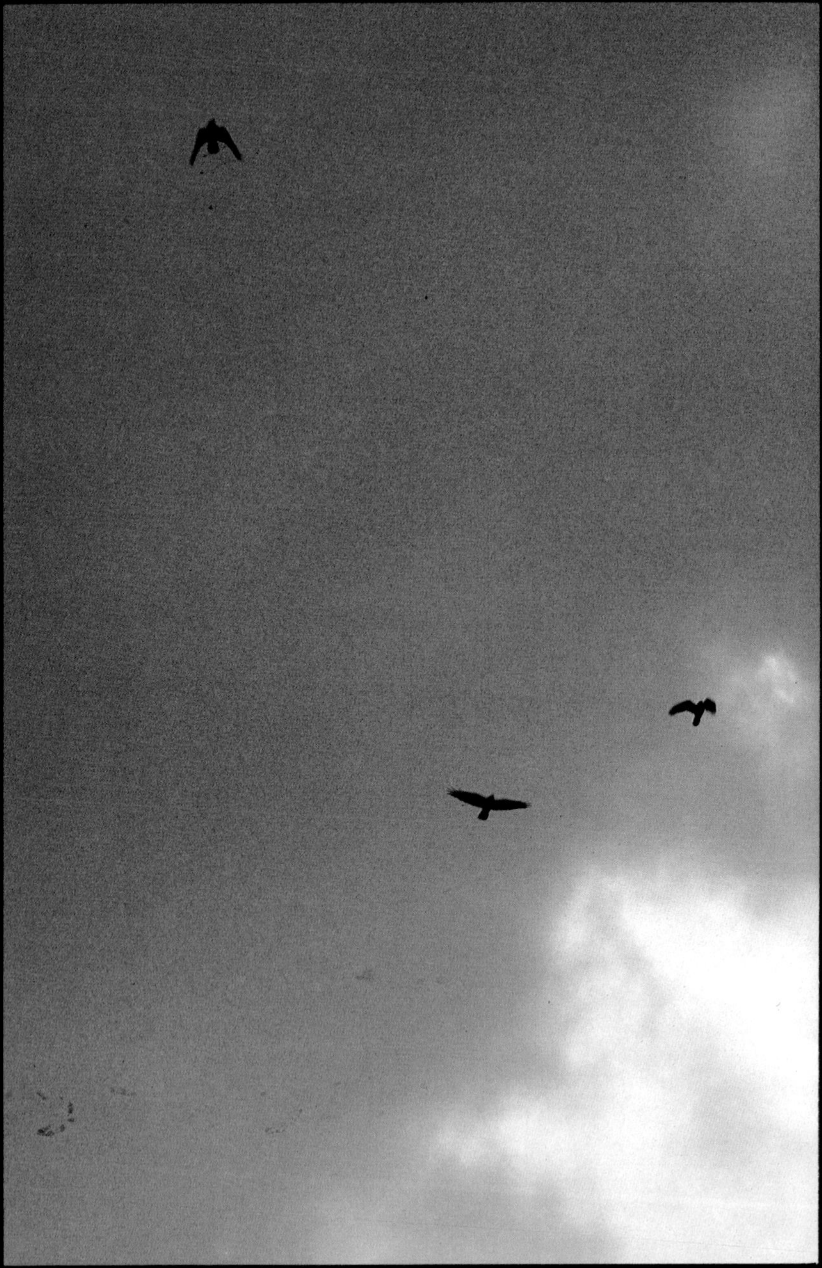

Richtet nicht,
damit ihr nicht gerichtet werdet.
Denn mit dem Gericht,
mit dem ihr richtet,
werdet ihr gerichtet werden.
Und mit dem Maße,
mit dem ihr messet,
wird euch gemessen werden.

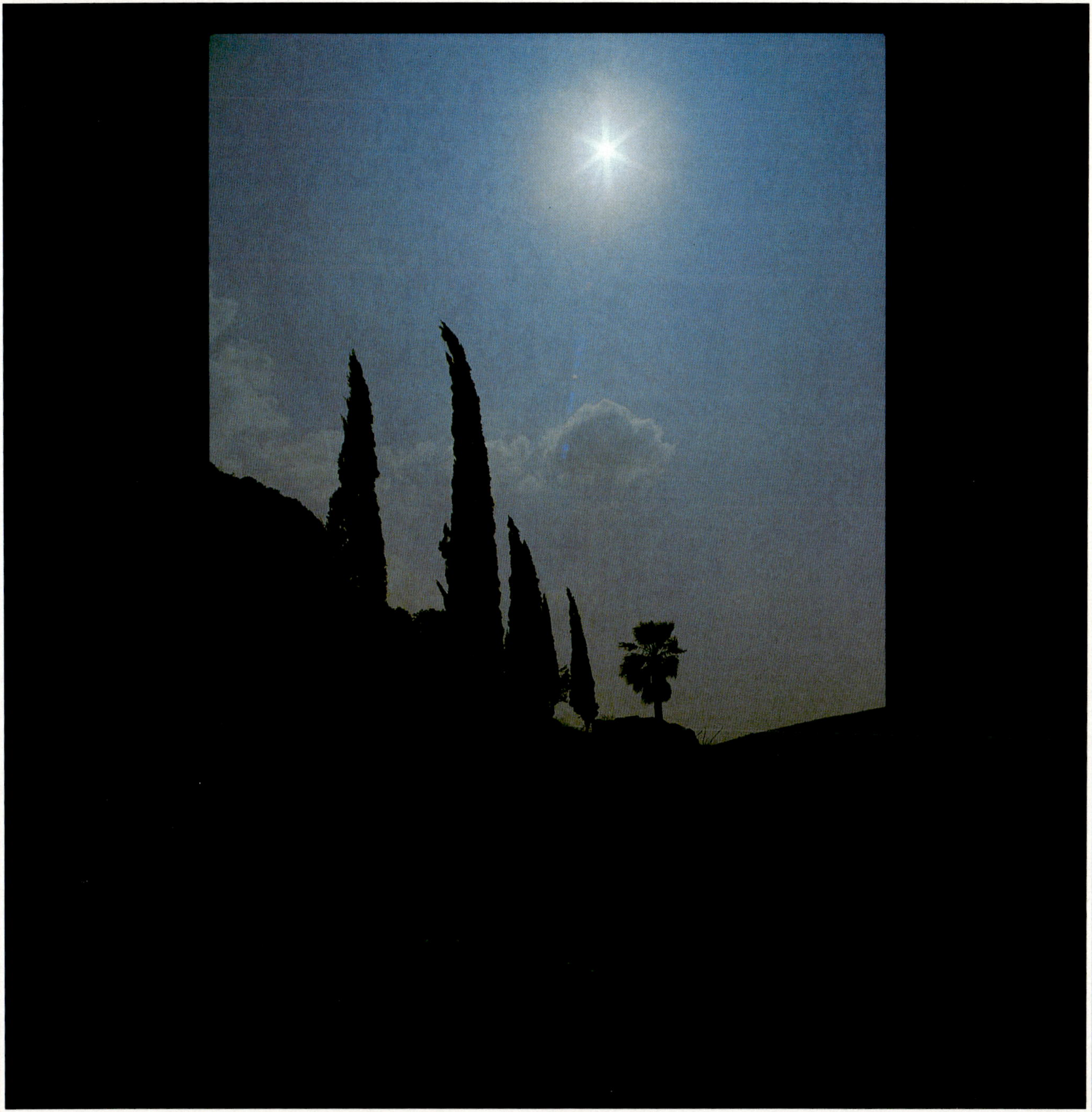

Bittet,
und es wird euch gegeben werden.
Suchet,
und ihr werdet finden.
Klopfet an,
und es wird euch aufgetan werden.

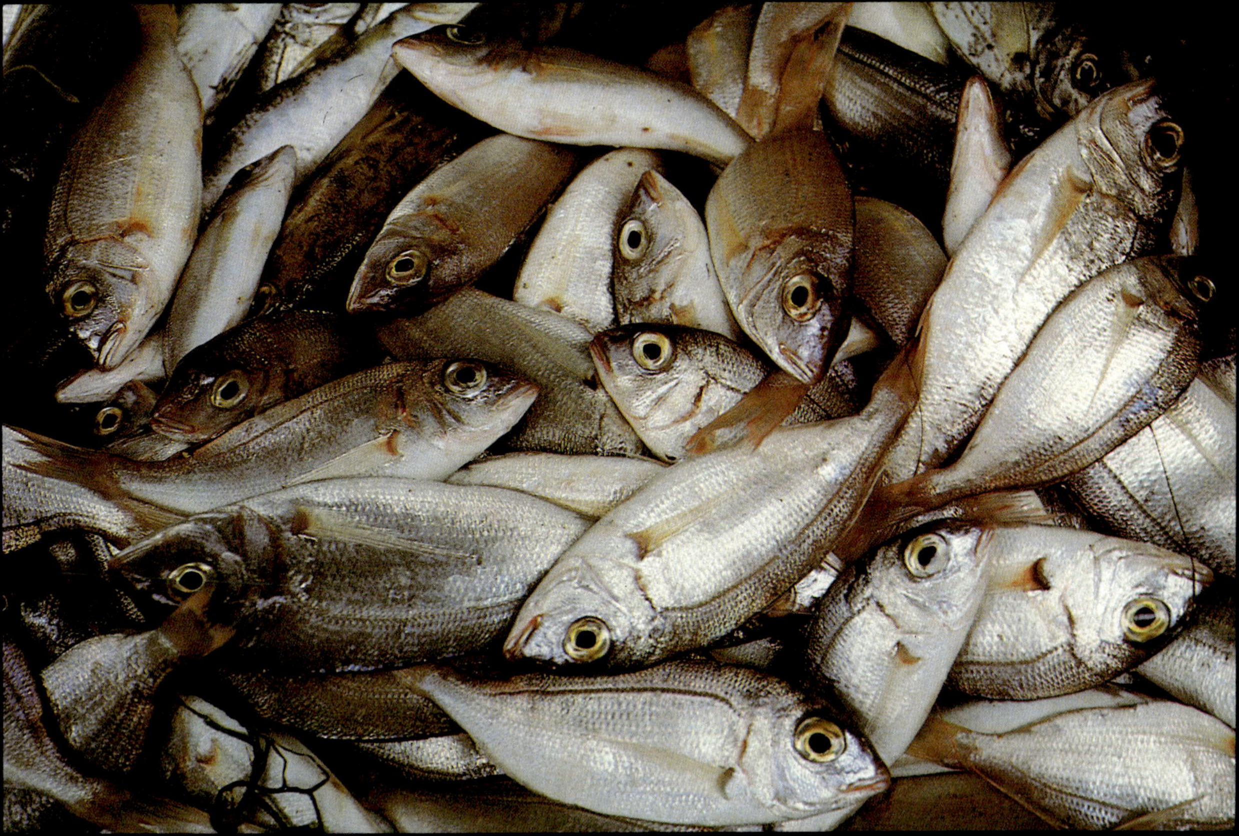

Alles nun, was ihr wollt,
daß euch die Leute tun,
das sollt auch ihr ihnen tun.

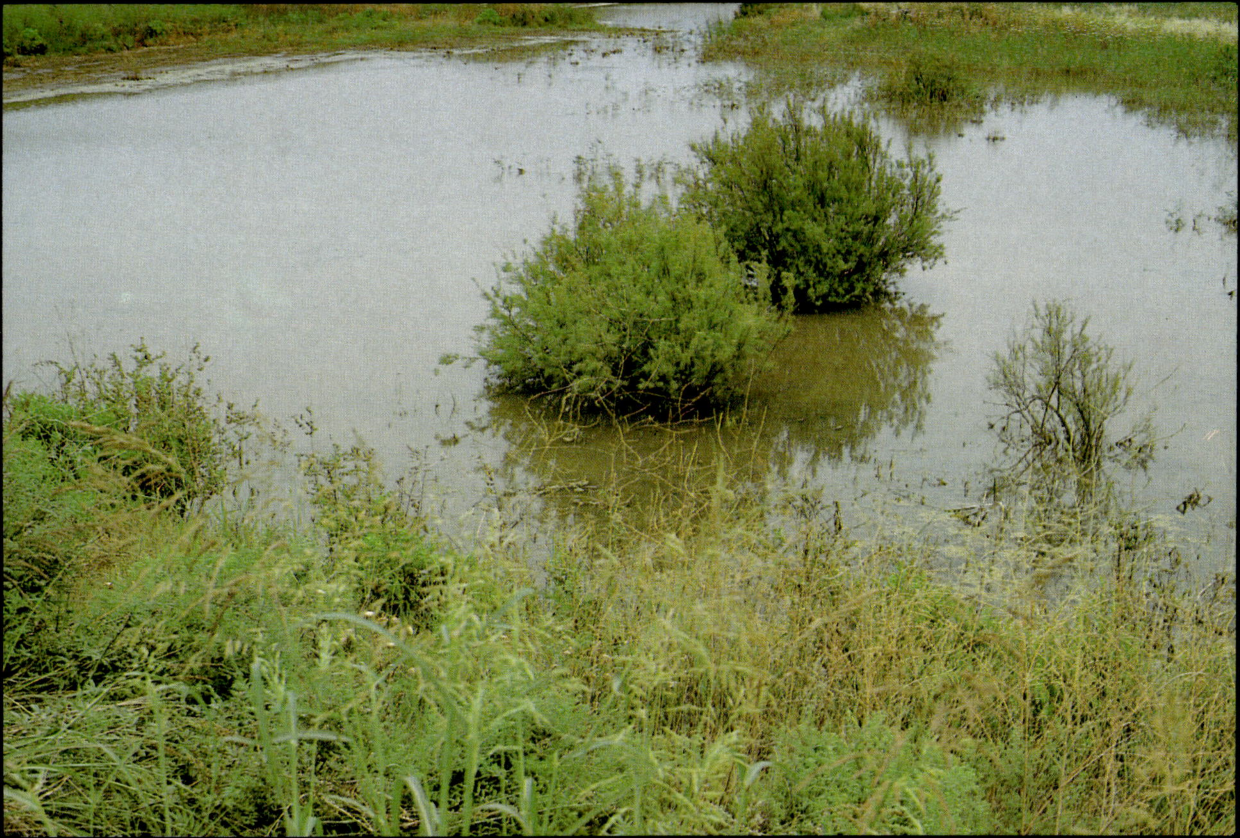

Weit und breit ist der Weg,
der ins Verderben führt,
und viele sind es, die auf ihm hineingehen.
Doch eng ist die Pforte
und schmal der Weg, der ins Leben führt,
und wenige sind es, die ihn finden.

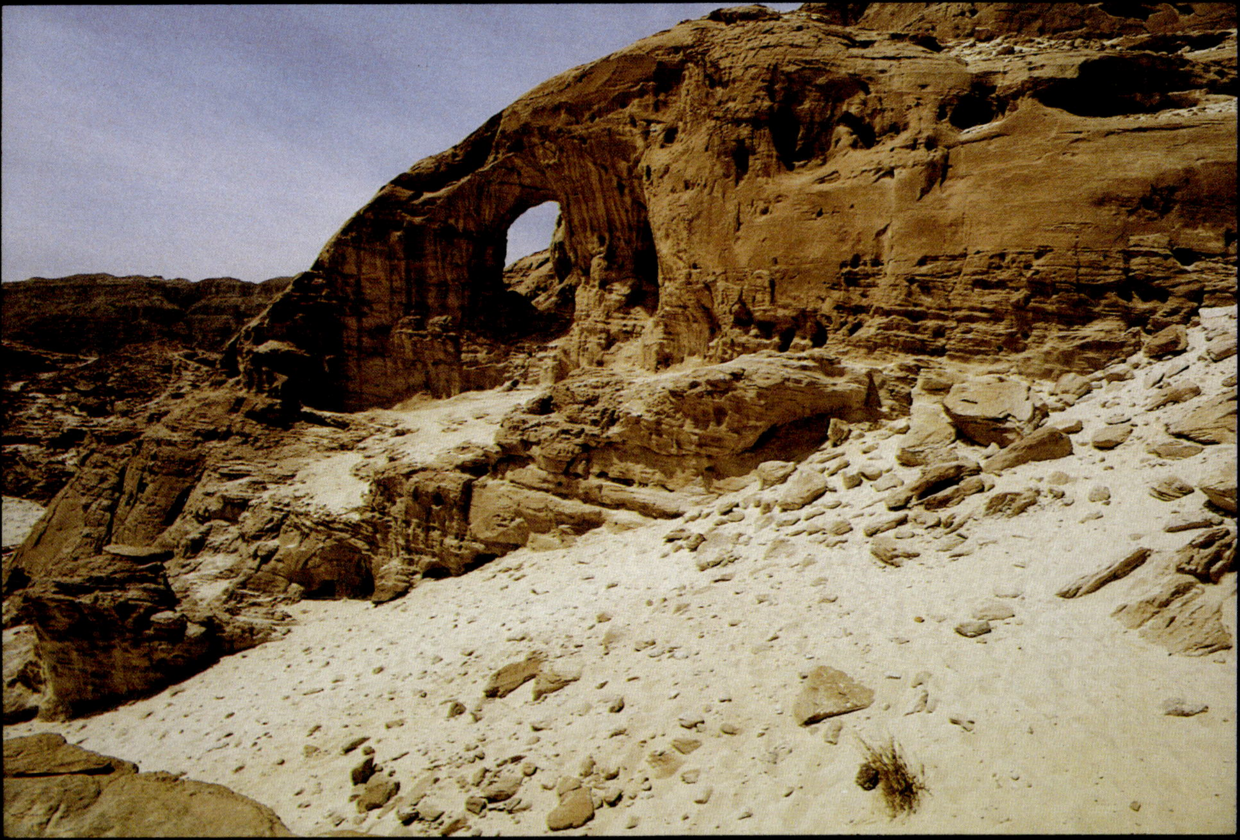

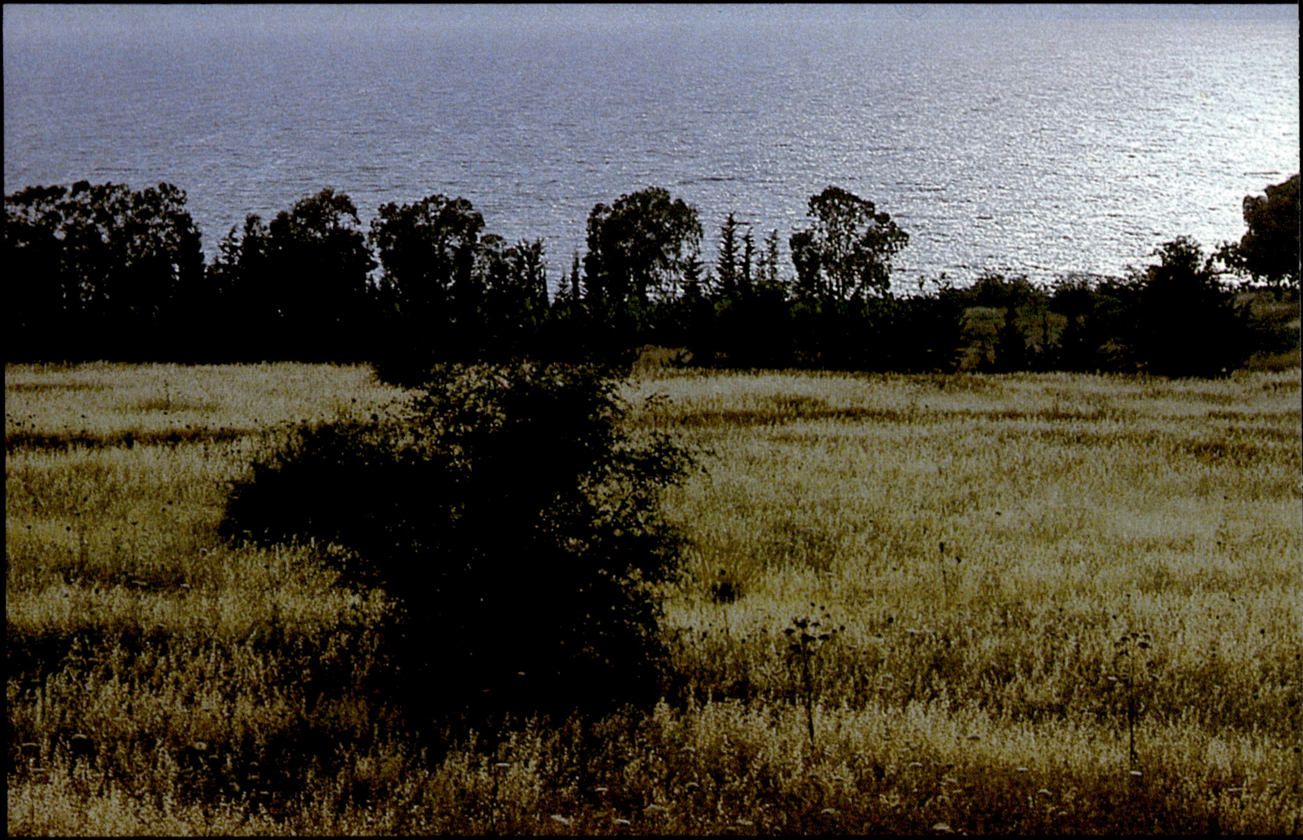

Eine Produktion von Peter A. Thomas
Die Zitate aus dem Evangelium nach Matthäus
wurden in der Textgestalt der Jerusalemer Bibel übernommen.

Die Bilder wurden an den Wirkungsstätten Jesu
im Heiligen Land fotografiert.
Alle Fotos wurden mit Olympus-Cameras OM-2 und OM-4
und Objektiven des OM-Systems Zuiko
auf Filmmaterial Agfachrome 50 RS Professional aufgenommen.

Copyright © 1986 Verlag Herder Freiburg im Breisgau
Alle Rechte vorbehalten
ISBN 3-451-20776-1

In gleicher Ausstattung sind erhältlich:

Joseph von Eichendorff: Trost der Geborgenheit
Charles de Foucauld: Allen Menschen Bruder sein
Franz von Assisi: Freude der Schöpfung
J. W. von Goethe: Schönheit wächst im Herzen
Eduard Mörike: Glück der Zufriedenheit
Rainer Maria Rilke: Geheimnis der Sehnsucht
A. de Saint-Exupéry: Das Fest der Zuneigung